Dieses Buch gehört:

WAS IST WAS Erstes LESEN

Christina Braun

Spinnen

TESSLOFF

Hallo!

Ich bin Winnie, die Springspinne.
Sicher bist du vielen meiner
Verwandten schon oft begegnet.
Wir leben fast überall auf der Welt.
Nur im Eis ist es uns zu kalt.
Obwohl wir so klein sind, haben wir
jede Menge Tricks auf Lager.
Wir sind Rekord-Baumeister, Meisterspringer
und Erschrecker in einem.
Willst du noch mehr wissen? Dann los!
Ich nehme dich mit
in meine Welt.

Inhalt

Jäger mit acht Beinen

Langbeinige Räuber

Was fällt dir zuerst ein,
wenn du an Spinnen denkst?
Vielleicht die langen haarigen Beine?
Davon haben die Krabbler sogar
ziemlich viele: nämlich acht.
Daran kannst du auch erkennen,
dass Spinnen keine Insekten sind.
Denn diese haben nur sechs Beine.

Spinnen gab es schon
vor etwa 400 Millionen Jahren.
Sie sind also älter
als die Dinosaurier.

Krabbenspinne

Hauswinkelspinne

Wespenspinne

Die Höhlenspinne hat sich gehäutet. Ihr alter Panzer ist zu klein geworden.

Harte Schale, weicher Kern

Spinnen haben keine Knochen
wie wir Menschen.
Eine harte Hülle stützt den Körper
und schützt die Organe.
Diese Hülle nennt man auch
Außenpanzer oder Exoskelett.

Beim Wachsen ist das ein Problem.
Denn der Panzer wächst nicht mit.
Wenn er zu klein geworden ist,
wird er abgeworfen und neu gebildet.
Das nennt man Häutung.
Für die Spinne kann das gefährlich sein.
Denn der neue Panzer ist noch weich
und muss erst hart werden.

Der Körperbau einer Spinne

Der Körper der Spinne ist perfekt an ihre Lebensweise angepasst. Die Tiere sind schnelle Jäger und ausgezeichnete Kletterer. Sogar Seide können sie herstellen. Damit spinnen sie ihre Netze.

Der **Hinterleib** ist dehnbar. Wenn im Weibchen Eier heranreifen, kann er kräftig anschwellen. Hier sitzen auch die Spinnwarzen. In ihnen entsteht der Faden für die Spinnennetze.

Spinnen haben acht **Beine**. Jedes davon hat sechs Gelenke. Sie machen die Spinnenbeine sehr beweglich. Am Ende der Beine sitzen winzige Krallen.

Der Kopf und die Brust
sind zusammengewachsen.
Sie bilden den **Vorderkörper.**
Hier sitzen die acht Beine.

Die **Mundwerkzeuge**
sind besonders kräftig.
Sie enden in den
Giftklauen.

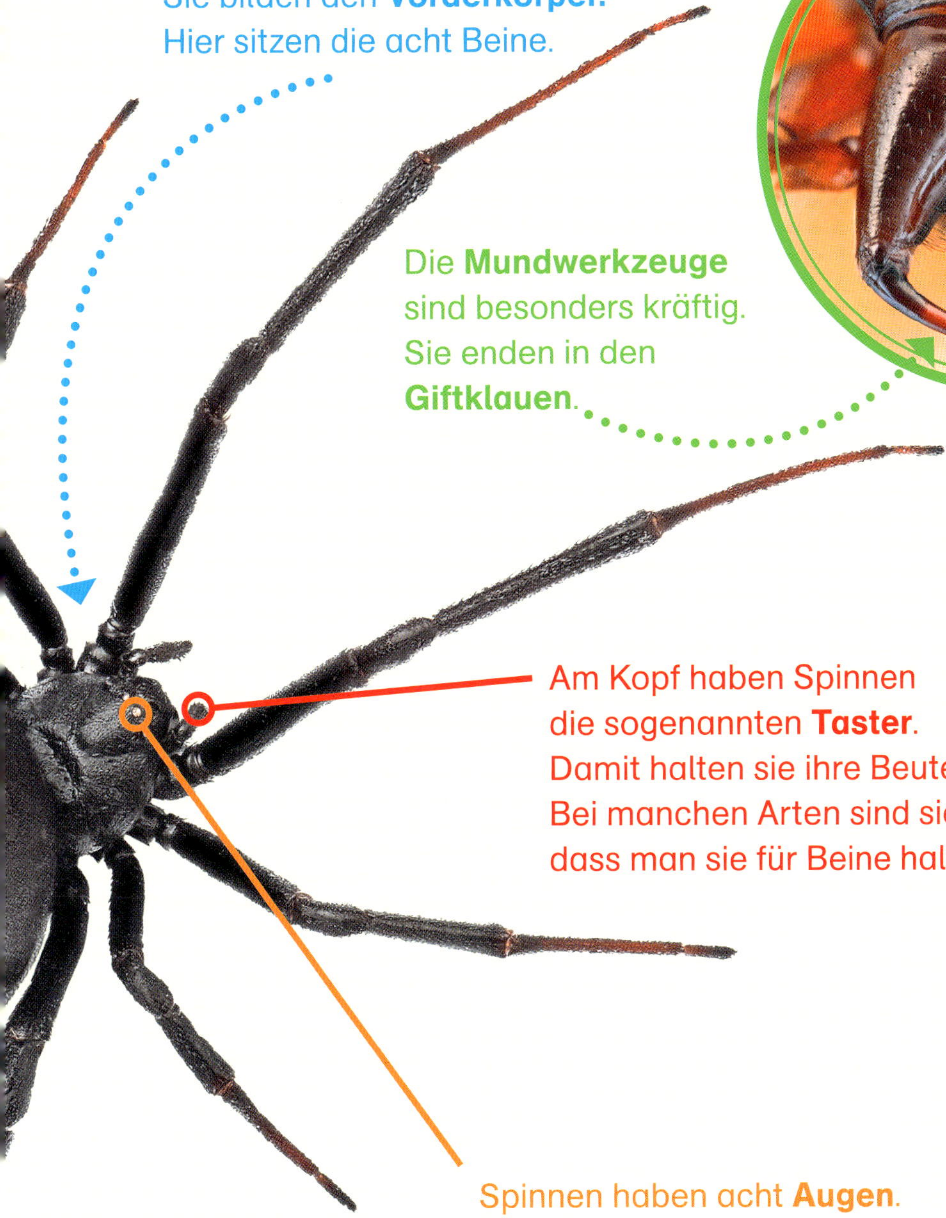

Am Kopf haben Spinnen
die sogenannten **Taster**.
Damit halten sie ihre Beute fest.
Bei manchen Arten sind sie so groß,
dass man sie für Beine halten könnte.

Spinnen haben acht **Augen**.
Zwei davon funktionieren
wie die Augen bei uns Menschen.
Die anderen sind Bewegungsmelder.
Je nach Spinnenart sind die Augen
größer oder kleiner.

Schnell und beweglich

Spinnen sind enorm flink.
Sie können vorwärts, rückwärts
und sogar seitwärts laufen.
Erstaunlich, dass sie dabei nicht
über ihre Beine stolpern.

Auch beim Laufen in der Kurve
sind die Spinnen flott unterwegs.
Dabei krabbeln die äußeren Beine
einfach ein bisschen schneller
als die inneren.
Die sechs Gelenke in jedem Bein
machen Spinnen so beweglich.

Vogelspinne

Röhrenspinne

Grüne Luchsspinne

Klebrige Füße

Viele Spinnen-Arten haben Hafthaare unter ihren Füßen. Damit finden sie überall Halt. An glatten Flächen können sie mühelos nach oben laufen. Das ist praktisch für Spinnen, die ohne Netz jagen.

Hast du gewusst ...

... dass eine Spinne auf der Flucht oder bei der Jagd mal ein Bein verlieren kann? Das ist für das Tier gar nicht so schlimm. Es läuft mit den restlichen Beinen weiter. Manchmal wächst das Bein sogar nach.

Schau mir in die Augen!

Alle Spinnen haben zwei Hauptaugen.
Damit erkennen sie Formen
und Gegenstände genau wie du.
Die sechs kleineren Augen
sind die Nebenaugen.
Sie nehmen Bewegungen wahr.

Springspinne

Krabbenspinne

Manche Spinnen-Arten besitzen
hübsche große Kulleraugen.
Andere haben nur winzige Äuglein.
Aber wie gut können Spinnen
mit ihren vielen Augen sehen?
Das ist von Art zu Art verschieden.

Hast du gewusst ...

... dass Spinnen sich sehr gut orientieren können?
Sie richten sich nach dem Stand der Sonne.
Die können sie sogar durch die Wolken sehen.
Erstaunlich, oder?

Höhlenspinne

Netzspinne

Ich seh' dich … nicht!

Netzspinnen lauern in ihren Netzen
und sehen nicht besonders gut.
Ihre Augen sind meistens klein.
Viele können nur den Unterschied
zwischen Hell und Dunkel erkennen.

Höhlenspinnen sind sogar oft blind.
Sie leben die meiste Zeit im Dunkeln.
Darum sind ihre Augen zurückgebildet.

Aber **Springspinnen** können super sehen.
Sie gehen tagsüber auf die Jagd.
Ihre Hauptaugen sind groß und rund.
Damit haben sie ihre Beute fest im Blick.

Eine haarige Sache

Für die meisten Spinnen sind
andere Sinne wichtiger als Sehen.
Dabei spielen die Spinnenbeine
eine große Rolle.
Sie sind Wunderwerke der Natur.
Denn Spinnen können mit ihnen
riechen, schmecken, hören und tasten.

Dafür sind die Spinnenbeine
mit vielen feinen Haaren besetzt.
Sie arbeiten wie winzige Antennen.
Jedes Haar ist mit einem Nerv verbunden.
So werden alle Reize ans Gehirn
weitergeleitet.

Ganz schön pelzig!
Die Wolfsspinne hat
viele feine Härchen
am ganzen Körper.

Baldachinspinne

Geniale Spinnenbeine

Ist es heute warm oder kalt?
Ist es nass oder trocken?
Auch das können Spinnen
mit ihren Beinen spüren.

Die Beine der Netzspinnen melden auch,
wenn Beute ins Netz gegangen ist.
Denn die Spinne bemerkt jede
winzige Schwingung in ihrem Netz.
Selbst ein sanfter Luftzug
entgeht ihr nicht.
Etwa wenn eine Mücke, Fliege
oder Biene im Anflug ist.

Diese Spinne ist sehr sportlich. Sie kann nämlich Rad schlagen. So turnt sie einen Flickflack durch die Wüste.

Radspinne

Auf der ganzen Welt

Spinnen gibt es fast überall auf der Welt. Sie leben in Wäldern, Wiesen und Gärten. Man findet sie auf Bergen, in Wüsten, in Höhlen und sogar im Wasser. Kalte Gegenden bewohnen sie genauso wie heiße Regionen. Auch in unseren Häusern begegnen wir ihnen immer wieder.

Nur wo es dicke Eisschichten gibt, kommen keine Spinnen vor. Vermutlich, weil sie dort nichts zu fressen finden. Aber wenn der Boden eisfrei ist, gibt es zum Beispiel Wolfsspinnen. Ihnen macht die Kälte nichts aus.

Arktische Wolfsspinne

Schön warm hier!

In den warmen Regenwäldern
rund um den Äquator leben
die meisten Spinnen-Arten der Welt.
Manche werden bis zu 20 Jahre alt.
Und so groß wie ein Suppenteller.

Im Regenwald lebt auch
die größte Spinne von allen:
die Riesenvogelspinne.
Ihre Beine werden
bis zu 30 Zentimeter lang.
Und sie wiegt fast so viel
wie zwei Tafeln Schokolade!

Amazonas-Dornspinne

Grüne Luchsspinne

Auch diese beiden hübschen Spinnen leben im Regenwald.

Bis zu zwölf Zentimeter: So lang wird der Körper der Riesenvogelspinne.

Die liebe Familie

Zu den Spinnentieren gehören außer den Echten Spinnen auch noch andere Achtbeiner: nämlich Weberknechte, Milben und Skorpione.

Weberknechte sehen Spinnen zum Verwechseln ähnlich. Bei ihnen sind aber Vorderleib und Hinterleib zusammengewachsen. Weberknechte spinnen keine Netze. Sie haben auch keine Giftklauen. Dafür sind sie recht schnell zu Fuß und können gut klettern.

Zecken saugen das Blut
ihrer Wirtstiere.
Die Weibchen brauchen es,
um Eier legen zu können.

Zecke

Unbeliebte Verwandte

Milben sind ebenfalls Spinnentiere.
Etwa 30 000 Arten sind von ihnen bekannt.
Wahrscheinlich gibt es sogar noch mehr.

Vielleicht hast du schon einmal
von Hausstaubmilben gehört.
Eigentlich sind sie ungefährlich.
Viele Leute sind aber gegen
den Kot der Winzlinge allergisch.
Sie bekommen Probleme beim Atmen.

Hausstaubmilbe unter dem Mikroskop

Zu den Milben zählen auch die Zecken.
Der Biss dieser Tiere kann
gefährliche Krankheiten übertragen.
Daher solltest du deinen Körper
immer nach Zecken absuchen,
wenn du in der Natur unterwegs warst.

Skorpione mögen es trocken und warm.

Skorpion

Gift im Stachel

Auch der Skorpion läuft
auf acht Beinen durch die Welt.
Zusätzlich besitzt er zwei Fangarme
mit kräftigen Scheren.
Damit erinnert er an einen Krebs.
An seinem langen Schwanz
hat er einen Giftstachel.
So kann er sich gut
gegen Fressfeinde wehren
und Beutetiere erlegen.

Alle Skorpione sind giftig.
Aber nur ganz wenige Arten
sind für Menschen gefährlich.
Keine davon lebt in Europa.

Winnies Lesequiz

1 Wie viele Beine haben Spinnen?

a) Sie haben sechs Beine.

b) Sie haben acht Beine.

c) Das ist bei jeder Art anders.

2 Warum sind Spinnenbeine so besonders?

a) Weil sie lang und dünn sind.

b) Weil Spinnen damit tasten, riechen und schmecken können.

c) Weil sie ein bisschen eklig sind.

3 Wie groß ist die größte Spinne der Welt?

a) Sie ist so groß wie ein Suppenteller.

b) Sie hat die Größe einer Kaffeetasse.

c) Sie ist so groß wie ein Kuchenteller.

Lösung: 1b), 2b), 3a)

Die Tricks der Spinnen

Die Spinne seilt sich an einem Faden ab. Er heißt Ablassfaden.

Spinnwarze

Hauchdünne Fäden

Viele Spinnen sind tolle Baumeister.
Die Tiere weben stabile Netze,
um darin Insekten zu fangen.
Die Seide dafür stellen sie selbst her.
Sie entsteht in den Spinndrüsen
im Hinterleib der Spinne.
Durch die Spinnwarzen
tritt die Seide aus.

Spinnen können bis zu sechs
verschiedene Fäden herstellen.
Mit einem weichen Faden
wickeln sie die gefangene Beute ein.
Ein fester Faden schützt die Eier.
Die anderen vier Fäden kommen
beim Netzbau zum Einsatz.

Rund wie ein Rad

Wenn wir an Spinnennetze denken, haben wir meist ein hübsches, radförmiges Netz vor Augen. Solche Netze werden von Radnetzspinnen gebaut.

Zuerst entstehen die **Rahmenfäden**. Damit hängt die Spinne ihr Netz zwischen Ästen oder Grashalmen auf. Danach spinnt sie eine **Hilfsspirale** in die Mitte des Netzes. Darauf kann sie gut laufen. Zum Schluss webt die Spinne die klebrige **Fangspirale**. Insekten, die dort hineingelangen, bleiben felsenfest darin haften.

Kunstvolle Netze

Alle Fäden im Spinnennetz
sind sehr stabil und reißfest.
Klebrig ist aber nur die Fangspirale.
So bleibt die Spinne nicht
in ihrem eigenen Netz hängen.
Sie weiß ja, welche Fäden gefährlich sind.

Die **Baldachinspinne** webt ihr Netz
wie ein zartes Dach über eine Wiese,
in einen Strauch oder Busch.
Kopfüber hängt sie
an der Unterseite des Netzes,
bis sich ein Tier darin verfängt.
Dann beißt sie ein Loch in die Fäden
und zieht die Beute zu sich.

Baldachinspinne

Baldachin-Netze

Haubennetz

Kugelspinne

Achtung, Falle!

In einer Art Wohnhöhle lauern **Trichterspinnen** auf Beute. Die Höhle ist geformt wie ein Trichter. Wenn ein Insekt in die Falle gerät, wird es blitzschnell eingewickelt. Dann wird es in den Trichter gezogen und verspeist.

Auch **Kugelspinnen** sind schlaue Baumeister. Aus ihren Haubennetzen ragen lange, klebrige Fangfäden heraus. Wenn ein Insekt daran kleben bleibt, wird es nach oben gezogen. Dann baumelt es hilflos in der Luft.

Die Labyrinthspinne lauert im Trichternetz.

Die Trichterspinne hat eine Assel erbeutet.

Jagdspinne

Hungrige Räuber

Leckere Blätter oder Grashalme?
Das ist nichts für Spinnen!
Die Tiere sind Fleischfresser.
Am liebsten mögen sie Insekten.
Mücken, Fliegen, Bienen und Käfer
haben Spinnen zum Fressen gern.
Auch Asseln oder Hundertfüßer
stehen auf ihrem Speiseplan.
Größere Arten, wie die Vogelspinne,
fangen auch Mäuse und Eidechsen.

Die Gerandete Jagdspinne
lebt gern am Wasser.
Dort jagt sie Kaulquappen.
Ab und zu erbeutet sie kleine Fische.

Flüssige Nahrung

Insekten haben einen harten Panzer.
Und Spinnen können nicht kauen.
Deshalb wenden sie einen Trick an,
damit sie ihre Beute fressen können.
Zuerst werden die gefangenen Tiere
mit einem Biss getötet oder gelähmt.
Dann spuckt die Spinne Speichel
und Gift aus der Giftdrüse in ihr Opfer.
Es löst sich auf und wird innen flüssig.
Jetzt kann die Spinne ihre Nahrung
wie durch einen Strohhalm aufsaugen.

Viele Spinnen verschnüren
ihre Beute mit Spinnfäden.
Das Opfer kann dann
nicht mehr entkommen.

Wespenspinne

Immer auf dem Sprung

Springspinnen sind richtig gute Jäger.
Sie bauen aber keine Netze,
sondern gehen tagsüber
zu Fuß auf die Jagd.
Ihre Hauptaugen sind sehr groß.
So können sie besonders gut sehen.
Außerdem können sie Entfernungen
sehr gut einschätzen.

Zuerst peilt die Springspinne
eine Mücke oder Fliege an.
Langsam pirscht sie sich heran.
Dann springt sie blitzschnell los.
Dabei hängt sie an einem Faden
wie an einem Sicherheitsseil.

Angriff von oben

Springspinnen sind ziemlich schlau. Manchmal jagen sie größere Spinnen, die selbst im Netz auf Beute lauern. Diese Spinnen können meist nicht so gut sehen. Bei einem Sprung würden sie aber den Luftzug bemerken. Darum seilt sich die Springspinne einfach langsam von oben ab.

Hast du gewusst ...

... dass Springspinnen Meisterinnen im Weitsprung sind? Sie hüpfen bis zu 25-mal so weit, wie sie groß sind. Das ist einsame Spitze!

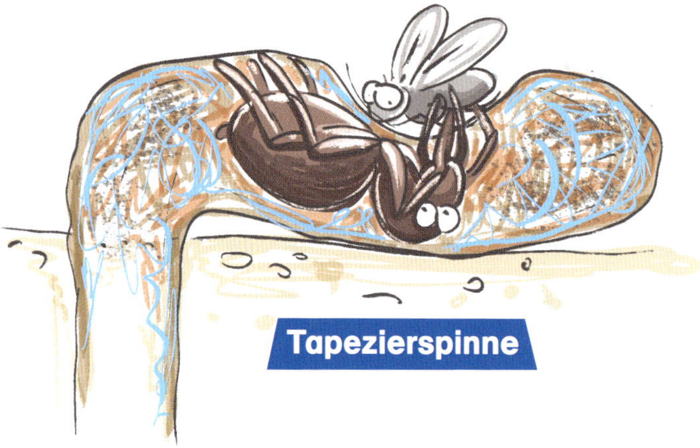

Echt clever!

Was machen **Lassospinnen** bei der Jagd?
Genau das, woran du gerade denkst!
Wie ein Lasso schleudern sie
einen langen Spinnfaden um sich.
An seinem Ende klebt ein Tropfen Leim.
Mit Duftstoffen locken die Spinnen
männliche Nachtfalter an.
Die bleiben dann am Faden kleben.

Tapezierspinnen graben eine Wohnhöhle.
Sie kleiden sie mit Spinnseide aus.
Ein Fangschlauch ragt aus der Höhle
und liegt flach auf der Erde.
Er ist mit Blättern und Gräsern getarnt.
Wenn die Beute in die Falle tappt,
beißt die Spinne von unten zu.

Noch mehr Tricks

Speispinnen spucken ihre Beute an.
Sie schleudern ihr klebrige
und giftige Spinnfäden entgegen.
So wird das Opfer gefesselt
und gleichzeitig betäubt.

Die **Kescherspinne** hängt gern
kopfüber an einem Ast.
Ihren Kescher hat sie immer dabei.
Das ist ein kleines Netz, das sie
zwischen ihre Vorderbeine spannt.
Die Spinne lauert so lange,
bis ihr ein Insekt zu nah kommt.
Dann stülpt sie ihr Netz
wie einen Kescher darüber.

Speispinne

Kescherspinne

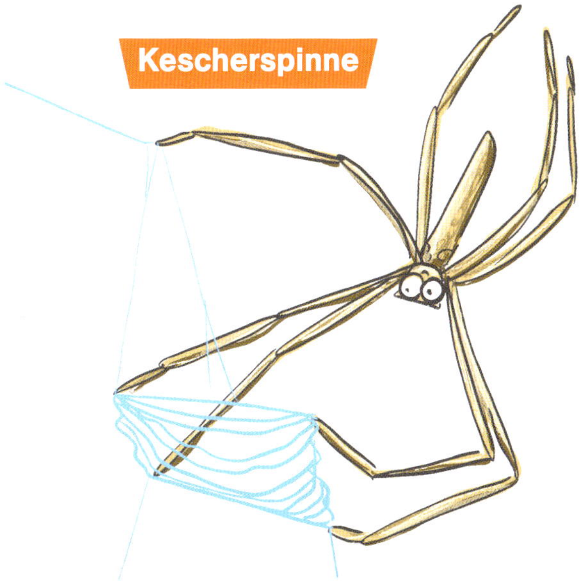

Spinnen und ihr Gift

Alle Spinnen produzieren Gift.
Auch unsere heimischen Arten
wie Zitterspinnen oder Kreuzspinnen.
Die Giftdrüsen liegen im Vorderkörper.
Wenn eine Spinne zubeißt,
gibt sie ihr Gift über die Giftklauen ab.
Dadurch wird die Beute betäubt.

Spinnen setzen ihr Gift sparsam ein.
Denn es dauert ein paar Tage,
bis die Giftdrüse wieder
neues Gift hergestellt hat.
Wenn Spinnen sich bedroht fühlen,
fliehen sie deshalb lieber.
Einem Kampf gehen sie
möglichst aus dem Weg.

Giftklauen

Südliche Schwarze Witwe

Brasilianische Wanderspinne

Diese Spinnen sind auch
für uns Menschen gefährlich.

Giftig und gefährlich?

Die meisten Spinnen sind für uns harmlos.
Viele von ihnen können uns Menschen
nicht einmal beißen.
Denn ihre Giftklauen kommen gar nicht
durch unsere Haut hindurch.
Wenn doch einmal eine Spinne zubeißt,
ist das oft nicht schlimmer
als ein Mückenstich.

Es gibt allerdings auch einige
sehr gefährliche Giftspinnen.
Manchmal kann ihr Biss
sogar Menschen töten.
Sie alle leben aber
auf anderen Kontinenten,
wie Australien oder Südamerika.

Chilenische Winkelspinne

Krabbenspinnen

Wespenspinnen-Männchen haben es nicht leicht. Nach der Paarung werden sie meistens gefressen.

Mama, Papa, viele Kinder

Die Fortpflanzung ist bei Spinnen gar nicht so einfach. Häufig sind die Männchen viel kleiner als die Weibchen. Und die Männchen leben gefährlich.

Manchmal werden sie von den Damen nämlich für Beute gehalten – und einfach aufgefressen. Damit das nicht passiert, müssen sich die Männchen einiges einfallen lassen.

Tänze und Geschenke

Die **Kreuzspinne** kündigt sich durch
ein bestimmtes Zupfen am Netz an.
Das Weibchen weiß dann:
So zupfen nur Kreuzspinnen-Männer.

Die **Listspinne** bringt dem Weibchen
ein eingewickeltes Geschenk.
So versucht er, sich bei ihr
beliebt zu machen.

Das **Springspinnen-Männchen**
macht ein flottes Tänzchen
für sein Weibchen.
Ob es ihr wohl gefällt?

Die Listspinne hat oft ein Geschenk dabei.

Kreuzspinnen-Männchen müssen vorsichtig sein!

Lauter gute Mütter

Spinnen-Weibchen passen gut auf ihren Nachwuchs auf. Für die Eier webt die Mutter einen Kokon aus stabiler Seide. So sind sie gut geschützt.

Manche Weibchen tragen ihre Kokons ständig mit sich herum. Andere legen sie in Ritzen ab oder hängen sie unter ein Blatt. Oft bewachen Spinnen ihre Brut. Fressfeinde werden wütend verjagt.

Auch nach dem Schlüpfen werden die Mini-Spinnen manchmal noch von der Mutter versorgt.

Winnies Lesequiz

1 Welche Spinnen weben Radnetze?

a) Springspinnen und Speispinnen.

b) Wespenspinnen und Kreuzspinnen.

c) Wolfsspinnen und Vogelspinnen.

2 Welcher Faden im Spinnennetz ist klebrig?

a) Der Rahmenfaden.

b) Der Faden der Hilfsspirale.

c) Der Faden der Fangspirale.

3 Welche Spinne schleudert bei der Jagd einen Faden mit Leim?

a) Das macht die Lassospinne.

b) Das macht die Cowboyspinne.

c) Das macht die Listspinne.

Lösung: 1b), 2c), 3a)

Die Welt der Spinnen

Welche Spinnen gibt es?

Groß oder klein, bunt oder unscheinbar, gefährlich oder nicht:
Alle Spinnen sind verschieden.
Forscherinnen und Forscher haben weltweit über 40000 Arten gezählt.

Die Männchen der **Pfauenspinnen** haben ein hübsches Muster auf ihrem Hinterleib.
Sie können ihn nach oben aufrichten wie ein Pfau seine Federn.
So wollen sie Weibchen beeindrucken oder andere Spinnen erschrecken.

Pfauenspinne

Ammen-Dornfinger

Der **Ammen-Dornfinger** hat sehr kräftige Giftklauen.
Damit kann die Spinne sogar die Haut eines Menschen durchstechen.
Sie ist die giftigste Spinne in Deutschland.

Die **Wespenspinne** gibt es fast überall in Deutschland. Woher sie ihren Namen hat, kannst du sofort sehen: Sie ist schwarz-gelb geringelt wie eine Wespe.

Wespenspinne

Die **Große Zitterspinne** findet man auf der ganzen Welt. Sie wohnt auch gern bei dir zu Hause. Und das ist auch gut so. Sie frisst nämlich lästige Insekten.

Große Zitterspinne

Stachelspinnen haben bunte und auffällige Muster. Damit locken sie Insekten an, die sie mit einer Blüte verwechseln.

Stachelspinne

Die **Große Hauswinkelspinne** sitzt oft unbeweglich in Kellerecken. Dort vertilgt sie lästige Insekten. Zählt man die haarigen Beine dazu, wird sie bis zu zehn Zentimeter groß. Sie ist völlig ungefährlich.

Hauswinkelspinne

Gartenkreuzspinne

Die **Gartenkreuzspinne** sitzt meist in der Mitte ihres runden Netzes. Dort wartet sie, bis sich Bienen, Hummeln oder Schmetterlinge darin verfangen. Vielleicht kannst du diese Spinne bei dir im Garten entdecken?

Die **Südrussische Tarantel** zählt zu den größten Spinnen Europas. Sie ist eine fürsorgliche Mutter. Denn sie trägt ihre Jungen auf dem Rücken umher.

Südrussische Tarantel

Die größten Spinnen der Welt sind die **Vogelspinnen**. Sie können 30 Zentimeter groß und 30 Jahre alt werden. Beim Angriff recken sie ihre Taster und Vorderbeine in die Höhe.

Vogelspinne

Die **Schwarze Witwe** ist eine der giftigsten Spinnen der Welt. Sie ist jedoch nicht sehr angriffslustig. Sie verteidigt sich nur im Notfall. Nach der Paarung werden viele Männchen von den Weibchen aufgefressen. Daher hat die Spinne ihren Namen.

Schwarze Witwe

Sydney-Trichternetzspinne

Die giftigste Spinne der Welt lebt in Australien: die **Sydney-Trichternetzspinne**. Ihr Biss kann auch für Menschen sehr gefährlich werden.

Rotkopf-Mausspinne

Und noch eine supergiftige Spinne kommt aus Australien: die **Rotkopf-Mausspinne**. Die Männchen haben einen roten Kopf und einen blauen Hinterleib. Auch sie ist für Menschen gefährlich.

Nosferatu-Spinne

Die **Nosferatu-Spinne** kommt eigentlich aus Ländern rund um das Mittelmeer. Doch inzwischen lebt sie auch bei uns. Denn durch den Klimawandel ist es auch hier wärmer geworden. Das mag die Spinne gern. Sie kann uns Menschen zwar beißen. Aber ihr Gift ist ungefährlich.

Grüne Luchsspinne

Die **Grüne Luchsspinne** jagt ihre Beute zu Fuß. Auf Zweigen oder grünen Blättern ist sie dabei gut getarnt. An ihren langen dünnen Beinen hat sie lauter stachelige Dornen.

Zebraspringspinne

Große Augen und ein weicher Pelz:
Die **Zebraspringspinne**
sieht lustig und niedlich aus.
In Wirklichkeit sind die Tierchen
nur ein paar Millimeter groß.

Krabbenspinne

Weiß, gelb, rosa oder grün:
Krabbenspinnen gibt es
in den tollsten Farben.
Sie sitzen gern auf bunten Blüten.
Gut getarnt lauern sie dort
auf einen fetten Leckerbissen.

Alle Spinnen fressen Insekten?
Diese kleine Springspinne nicht!
Sie ist Vegetarierin.
Bagheera lebt in Mittelamerika.
Dort ernährt sie sich von den Blättern
des Akazienbaums.

Bagheera kiplingi

Unter Wasser

Eigentlich leben Spinnen an Land.
Mit einer Ausnahme:
Die Wasserspinne verbringt fast
ihr ganzes Leben unter Wasser.
Sie mag Seen und Teiche
mit vielen Wasserpflanzen.
Auch in Mooren kommt sie vor.

Aber wie atmet die Spinne unter Wasser?
Sie webt sich eine Art Taucherglocke.
Mit ihrem Hinterleib tankt sie Luft
an der Wasseroberfläche.
Die bleibt in ihrem dichten Pelz hängen.
So speichert sie Atemluft in ihrer Glocke.
Genial, oder?

Winnies Lesequiz

1 Welche Spinne kann ihren bunten Hinterleib aufstellen?

a) Die Luchsspinne.

b) Die Pfauenspinne.

c) Die Zebraspinne.

2 Welche ist die giftigste Spinne Deutschlands?

a) Die Vogelspinne.

b) Die Rotkopf-Mausspinne.

c) Der Ammen-Dornfinger.

3 Wo lebt die giftigste Spinne der Welt?

a) In Australien.

b) In Afrika.

c) In Südamerika.

Lösung: 1b), 2c), 3a)

Menschen und Spinnen

Hilfe, eine Spinne!

Viele Menschen gruseln sich vor Spinnen.
Manche bekommen schon Angst,
wenn sie nur an eine Spinne denken.

Doch woher kommt das?
Genau weiß man es nicht.
Forscher und Forscherinnen vermuten,
dass das flinke, lautlose Laufen
uns Menschen verunsichert.
Vielleicht haben wir die Angst auch
von unseren Vorfahren geerbt.

Und natürlich lernen Kinder von ihren Eltern.
Wenn Mama oder Papa sich erschrecken,
werden auch die Kinder mit Vorsicht
auf die Tiere reagieren.

Gelbschnabeltoko

Waldeidechse

Nützliche Helfer

Dabei sind Spinnen wichtig und nützlich.
Wenn Spinnen im Garten leben,
gibt es dort weniger Fliegen, Mücken
und andere lästige Insekten.
Übrigens: Auch Spinnen stehen
auf dem Speiseplan von Spinnen.

Gleichzeitig sind die Achtbeiner
Nahrung für unzählige andere Tiere.
Denn sie enthalten viel Eiweiß.
Und ihr Hinterleib ist nicht so hart
wie der Panzer von Insekten.
So schnappen Vögel, Frösche
oder Eidechsen gerne zu,
wenn eine Spinne vorbeikrabbelt.

Forschung mit Spinnen

Der Seidenfaden der Spinnen
ist zwar nur sehr dünn.
Aber er ist unglaublich stark und stabil.
Wäre der Faden so dick wie dein Finger,
könnte man sogar ein Auto
daran aufhängen.

Forscherinnen und Forscher überlegen,
wie Spinnenseide uns Menschen
nutzen könnte.
Sie denken zum Beispiel an neue Stoffe
für Kleidung oder Sportschuhe.
Auch Ärzte und Ärztinnen könnten
solche Fäden gut gebrauchen.
Zum Beispiel um Wunden zu nähen.

Seidenspinne

Hast du gewusst ...

... dass Fischer die Netze der Seidenspinne
früher zum Fischen benutzt haben?
Seidenspinnen leben in den Tropen.
Sie bauen die größten Netze der Welt.

Die Seide und das Gift von Spinnen sind für die Forschung interessant.

Der Stoff der Zukunft

Leider kann man Spinnseide
nur schlecht aus der Natur gewinnen.
Deshalb wird geforscht und versucht,
den Stoff künstlich herzustellen.
In kleinen Mengen ist das sogar
schon gelungen.

Genauso spannend wie die Seide
ist auch das Gift der Spinnen.
Manche Spinnengifte könnten
in der Medizin zum Einsatz kommen.
Die Wissenschaft prüft zum Beispiel,
welches Gift gegen Bakterien wirkt.
So könnten vielleicht in Zukunft
manche Krankheiten mit Spinnengift
behandelt werden.

Manche Leute finden Spinnen gar nicht eklig oder gruselig. Sie halten sie sogar als Haustiere.

Rotknie-Vogelspinne

Spinnen für zu Hause

Manchen Menschen sind
die kleinen Mitbewohner im Keller
oder im Garten nicht genug.
Sie halten sich eine Spinne
als Haustier in einem Terrarium.
Das ist eine Art Käfig aus Glas.
Darin wohnt dann zum Beispiel
eine Vogelspinne.

Hättest du vielleicht auch gern
eine Spinne bei dir zu Hause?
Dann musst du dir genau überlegen,
was das Tier so alles braucht.

Im Terrarium

Welche Umgebung mag die Spinne?
Gibt es im Terrarium Steine, Sand
oder Holz zum Verstecken?
Wie warm muss es dort sein?
Welches Futter braucht das Tier?
Erkundige dich genau,
bevor du dir eine Spinne anschaffst.

Zum Kuscheln und Spielen
sind Spinnen aber nicht geeignet.
Sie wollen lieber ihre Ruhe haben.
Vergiss vor allem nicht:
Vogelspinnen können bis zu
30 Jahre alt werden!
So lange musst du für sie sorgen.

Auch im Terrarium
braucht deine Spinne
einen guten Platz
zum Verstecken.

Sag mal, Winnie ...

... Was gefällt dir an anderen Spinnen besonders gut?

Oh, da gibt es einiges! Ich würde gern so schöne Netze bauen können wie die Baldachinspinne oder die Kreuzspinne. Und die Kescherspinne hat ein sehr praktisches Fangnetz!
Eigentlich bin ich aber ganz zufrieden.
Schließlich bin ich Weltmeisterin im Weitsprung!

An welchem Ort bist du am liebsten?

Ich bin gerne dort, wo es warm ist. Im Regenwald ist es besonders spannend. Dort gibt es noch so viele unbekannte Spinnen-Arten. Stell dir vor: Neulich bin ich einer Verwandten begegnet, die noch nicht einmal die Spinnenforscher kennen! Die hatte sich einfach unter einem Stein versteckt.

Was würdest du uns Menschen gerne sagen?

Ihr solltet nicht so viel Angst vor uns haben.
Die meisten von uns sind ganz friedliche Tiere
und wollen nur in Ruhe gelassen werden.
Unsere Leibspeise sind schließlich Insekten.
Da muss sich kein Mensch Sorgen machen.
Und ihr Menschen seid ja auch viel stärker als wir.
Obwohl ... Vielleicht könnten wir euch mal
mit unseren Spinnfäden einwickeln!
Keine Sorge, ich mach doch nur Spaß!

Und was hast du heute noch vor?

Ich treffe mich gleich mit meinen Freunden
zum Weitspringen. Wir müssen trainieren,
damit wir fit bleiben. Mal schauen,
wer heute am weitesten springt!

Danke, Winnie!
Dabei wünschen wir dir viel Spaß!

Winnies großes Lesequiz

1 Wann gab es die ersten Spinnen?

a) Vor 100 Millionen Jahren.

b) Vor 200 Millionen Jahren.

c) Vor 400 Millionen Jahren.

2 Wenn Spinnen wachsen, ...

a) können sie nicht mehr laufen.

b) müssen sie sich häuten.

c) können sie keine Netze mehr bauen.

3 Wie viele Augen haben Spinnen?

a) Acht Augen.

b) Vier Augen.

c) Zwei Augen.

Lösung: 1c), 2b), 3a)

4 **Wo leben die meisten Spinnen der Welt?**

a) In der Wüste.

b) In der Arktis.

c) Rund um den Äquator.

5 **Wer ist mit den Spinnen verwandt?**

a) Die Zecken.

b) Die Käfer.

c) Die Asseln.

6 **Was macht die Kescherspinne so besonders?**

a) Sie fängt ihre Beute mit einem Stock.

b) Sie hält ein Fangnetz zwischen den Vorderbeinen.

c) Sie schleudert einen Klebefaden.

Lösung: 4c), 5a), 6b)

7 Wie weit können Springspinnen springen?

a) Bis zu 2 Meter weit.

b) Bis zu 25 Meter weit.

c) Bis zu 25-mal so weit, wie sie selbst lang sind.

8 Wie nehmen Spinnen Nahrung auf?

a) Sie schlucken sie im Ganzen runter.

b) Sie zerkauen sie mit ihren Greifern.

c) Sie zersetzen sie und saugen sie aus.

9 Was fressen Spinnen am liebsten?

a) Blätter

b) Nektar

c) Insekten

Lösung: 7c), 8c), 9c)

10 **Welcome Spinne ist für Menschen sehr gefährlich?**

a) Die Wolfsspinne.

b) Die Vogelspinne.

c) Die Rotkopf-Mausspinne.

11 **Eine besonders giftige Spinne ist ...**

a) die Rote Witwe.

b) die Schwarze Witwe.

c) die Schwarze Dame.

12 **Wie heißt der Käfig aus Glas, in dem man Spinnen halten kann?**

a) Terrarium

b) Aquarium

c) Spinnenkäfig

Lösung: 10c), 11b), 12a)

Bildquellennachweis

Getty: 42mr (Robbie Goodall); Image Professionals GmbH (spl): 8ul (John Burbidge); picture alliance: 7or (blickwinkel/H. Bellmann/F. Hecke), 9or (blickwinkel/M. Lenke), 15o (imageBROKER/Christian Hütter), 16o (Radspinne: Minden Pictures/Michael & Patricia Fogden), 16o (Flick-Flack: Minden Pictures/Michael & Patricia Fogden), 17mr (Luchsspinne: Zoonar/www.artushfoto.eu), 17ur (Minden Pictures/Piotr Naskrecki), 18ur (Zoonar/HJ Janda), 19or (Hausstaubmilbe: Mary Evans Picture Library/Last Refuge/ardea.com), 20o (blickwinkel/B. Trapp), 26ul (imageBROKER/Christian Hütter), 26ur (blickwinkel/H. Bellmann/F. Hecke), 27ur (Labyrinthspinne: blickwinkel/F. Hecker), 27or (Kugelspinne: blickwinkel/J. Meul-Van Cauteren), 27ol (Netz: blickwinkel/H. Bellmann/F. Hecke), 28or (Mary Evans Picture Library), 28ol (Trichterspinne: imageBROKER/Marko König), 29ul (blickwinkel/R. Sturm), 30ol (Nr.1: Minden Pictures/Stephen Dalton), 30or (Nr.3: Minden Pictures/Stephen Dalton), 31ol (Nr.3: Minden Pictures/Stephen Dalton), 31ur (Minden Pictures/Stephen Dalton), 34ur (blickwinkel/H. Bellmann/F. Hecke), 35ur (Minden Pictures/Agustin Esmoris/NIS), 36ol (Minden Pictures/Stephen Dalton), 36mr (Minden Pictures/Jogchum Reitsma/NiS), 37ul (blickwinkel/H. Bellmann/F. Hecke), 37ur (blickwinkel/R. Wilken), 38u (blickwinkel/J. Fieber), 38o (Zoonar/HJ Janda), 42ul (blickwinkel/W. Willner), 43ml (Zitterspinne: blickwinkel/G. Kunz), 48ur (blickwinkel/H. Bellmann/F. Hecke), 53or (NHPA/Avalon.red/laurie campbell), 53ol (Bert Ooms/R4681), 54ur (blickwinkel/J. Nemec), 55or (imageBROKER/Robert Seitz), 57u (dpa Themendienst/Andrea Warnecke), 62 (Minden Pictures/Stephen Dalton); Shutterstock: 4-5 (papkin), 6um (Hauswinkelspinne: Kamil Jany), 6ur (Krabbenspinne: Cedorina), 6ul (Wespenspinne: dropStock), 8-9 (iSKYDANCER), 10ul (Röhrenspinne: D. Kucharski K. Kucharska), 10ur (Vogelspinne: GoodFocused), 10um (Luchsspinne: Chase D'animulls), 11ml (Wespenspinne: Luca Santilli), 12or (Springspinne: D. Kucharski/K. Kucharska), 12or (Krabbenspinne: Eduard Andrica), 13ol (Marco Magessi), 13or (giocalde), 14u (Cornel Constantin), 17or (juerginho), 19or (Zecke: KPixMining), 22-23 (Tran The Ngoc), 24ol (Spinnwarze: Kurt Hohenbichler), 24or (seanparkphotography), 35ol (Sari ONeal), 35or (Tacio Philip Sansonovski), 40-41 (HWall), 43ur (Sunshower Shots), 43or (dropStock), 44or (vsnyder88), 44ml (Arno van Dulmen), 44ur (EvgenyPopov), 45or (Frank B Yuwono), 45ml (Matteo photos), 45ur (Ken Griffiths), 46ol (Wright Out There), 46or (olivier.laurent.photos), 46ul (Artush), 47or (Ireneusz Waledzik), 47ml (David Peter Ryan), 47ur (Joyce LCY), 50-51 (Lipatova Maryna), 52ul (New Africa), 54or (NatalieJean), 55ol (Ratushnaia Tatiana), 56or (Vogelspinne: pets in frames), 56om (Hand: Pataporn Kuanui); Wikipedia: 16ur (CC BY-SA 2.0/D. Sikes)

Umschlagfotos: Shutterstock: U1 (common human), U4 (Erik Karits)

Burgschmietstraße 2 – 4
90419 Nürnberg
qualitaet@tessloff.com
www.tessloff.com

Autorin: Christina Braun
Illustratorin: Marie Gerstner
Grafik: Marie Gerstner
Lektorat: Sonja Meierjürgen
Bildredaktion: Christine Schmidt-Rudloff
Druck: Livonia Print

ISBN 978-3-7886-7680-3

FSC www.fsc.org MIX Papier | Fördert gute Waldnutzung FSC® C002795

WAS IST WAS
Erstes LESEN
Wale und
TESSLOFF

WAS IST WAS
Erstes LESEN
Planeten
TESSLOFF

WAS IST WAS
Erstes LESEN
Vulkane
TESSLOFF

WAS IST WAS
Erstes LESEN
Natur entdecken

WAS IST WAS
Erstes LESEN
Bienen
TESSLOFF

WAS IST WAS
Erstes LESEN
Wald
TESSLOFF

WAS IST WAS
Erstes LESEN
Pferde und Ponys

WAS IST WAS
Erstes LESEN
Wetter
TESSLOFF

WAS IST WAS
Erstes LESEN
Polargebiete

WAS IST WAS
Erstes LESEN
Unsere Erde
TESSLOFF

WAS IST WAS
Erstes LESEN
Insekten
TESSLOFF

WAS IST WAS
Erstes LESEN
Ozeane
TESSLOFF

WAS IST WAS
Erstes LESEN
Dinosaurier
TESSLOFF

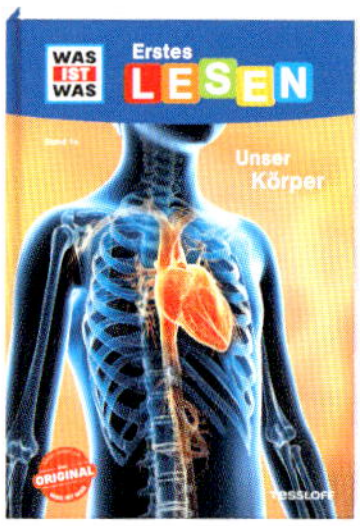
WAS IST WAS
Erstes LESEN
Unser Körper
TESSLOFF

WAS IST WAS
Erstes LESEN
Regenwald
TESSLOFF

WAS IST WAS
Erstes LESEN
Haie
TESSLOFF

WAS IST WAS
Erstes LESEN
Raubkatzen
TESSLOFF

WAS IST WAS
Erstes LESEN
Greifvögel
TESSLOFF

WAS IST WAS
Erstes LESEN
und Burg

WAS IST WAS
Erstes LESEN
Wölfe
TESSLOFF